रचयिता से रचना तक

भक्ति और प्रकृति पर कविताएँ

कुलदीप शर्मा

Copyright © Kuldeep Sharma
All Rights Reserved.

भगवान हनुमान और बाबा नीम करौली के आशीर्वाद से मेरे
माता-पिता और पत्नी को समर्पित।

क्रम-सूची

क्रम-सूची

भूमिका

भक्ति कविता उन कविताओं को संदर्भित करती है जो पूजा या प्रार्थना व्यक्त करती हैं। वे सबसे अधिक धार्मिक हैं। भारत में भक्ति के विविध मार्ग दिखाने वाली भक्ति कविताओं और संगीत की एक लंबी परंपरा रही है।

'रचयिता से रचना तक' कुलदीप शर्मा द्वारा हिंदू देवताओं और संतों से प्रेरित कविताओं का एक संग्रह है। हनुमान चालीसा के विभिन्न संस्करण लेखक की भगवान के प्रति महान भक्ति दिखाते हैं।

ईश्वर की रचना उतनी ही महत्वपूर्ण है जितना कि स्वयं निर्माता। यहाँ प्रकृति और मनुष्य पर कविताएँ हैं जो ब्रह्मांड के चक्र को पूरा करती हैं।

1. राम

राम सूर्य राम चंद्र राम ही आकाश है।
राम बादल राम वर्षा राम ही प्रकाश है।।
राम पतझड़ राम ग्रीष्म राम ही बसंत है।
राम आदि राम मध्य राम तो अनंत है।।
राम सुन्दर राम राग राम ही आनंद है।
राम वेद राम गुरु राम ही सब ग्रन्थ है।।
राम व्यंजन राम जल राम ही उपवास है।
राम तू राम मैं राम का राम में वास है।।
राम हिमालय राम सागर राम ही संसार है।
राम शिव राम ब्रह्मा राम विष्णु अवतार है।।

2. शुभ दिवाली

वनवास से लौटे घर राम और सिया;
अयोध्या में जलाया हर जन ने दीया।

वर्षों बाद आई मुस्कान और खुशहाली
सबने झूम और नाच कर मनाई दिवाली।।

हमारे दिलों में भी जले प्रेम चिराग;
हम भी गायें सुख और शांति का राग।

सरस्वती दे ज्ञान और लक्ष्मी समृधि;
अच्छा स्वस्थय रहे गणेश करें वृद्धि।।

कुबेर रखे कृपा बढ़े मुख पर लाली;
परिवार सहित आपको शुभ दिवाली।।

तू परम ज्ञानी और सोलह कला संपूर्ण।
हमें भी दे वरदान बनें तेरे जैसे परिपूर्ण।।

युगों -युगों से सुदर्शन चक्र है तेरा अस्त्र।
दे मुझे गीता का ज्ञान जो बने मेरा शस्त्र।।

3. जय श्री कृष्ण

फिर सुना अपनी मुरली की मधुर धुन।
व्याकुल हैं गोपियां ग्वाले और अर्जुन।।

तू था सच्चा मित्र द्रौपदी तेरी सखी।
जिसकी तूने भरी सभा में लाज रखी।।

तू अनूठा प्रेमी तूने जीता राधा का मन।
गाँव बचाया उंगली पर उठा कर गोवर्धन।।

तू साहसी योद्धा भी और था चतुर रणछोड़।
ब्रम्हांड का मालिक हो कर भी माखन चोर।।

तू परम ज्ञानी और सोलह कला संपूर्ण।
हमें भी दे वरदान बनें तेरे जैसे परिपूर्ण।।

युगों -युगों से सुदर्शन चक्र है तेरा अस्त्र।
दे मुझे गीता का ज्ञान जो बने मेरा शस्त्र।।

4. गणेश चतुर्थी

सब देवों से पहले हो तेरी पूजा;
तीनों लोकों में तुझ सा न कोई दूजा।

बुद्धिमान सरल हृदय रूप तेरा सादा;
तेरी कृपा हो तो ना आये कोई बाधा।

बोलता है कम और सुने तू ज्यादा;
तुझ से ही बुद्धि रिद्धि- सिद्धि व सम्पदा।

तेरे आगमन से मिले संतुष्टि और स्फूर्ति;
स्वागत है देवा और शुभ हो गणेश चतुर्थी।।

5. हनुमान चालीसा ।

हनुमत वीर एक तुम राजा
तुमने सवारे राम के काजा।
सीता के तुम एक सिपाही
तुलसी ने लिखी बहुत चौपाई॥

अंजनी के तुम पूत हो न्यारे
प्रभु राम के सखा हो प्यारे।
लक्ष्मण के तुम थे रखवारे
आपके ही सुग्रीव सहारे॥

आपसे बड़ा ना कोई योगी
आपका ध्यान बनाए निरोगी ।
कोमल हृदय कठोर शरीरा
करुणा सागर तुम महावीरा॥

रामदूत तुम केसरी नंदन
मुख पर तेज माथे पे चंदन।
चंचल चतुर राम के सेवक
उड़ो पवन में जैसे चेतक॥

रामदूत हनु महा बली
तेरा नाम लिया और बला टली।

विद्यावान गुणी शिव अवतार
आपके हैं शनि मंगलवार॥

हाथ गदा और मुकुट संवारे
कष्ट हरो प्रभु आप हमारे।
राम को भी प्रिय भक्त तुम्हारे
सब भक्तों को तुम हो प्यारे॥

भाई सखा तुम भगवन मेरे
गाऊँ भजन भक्ति में तेरे।
तुम जैसा है कोई ना दूजा
सारा जगत करे आपकी पूजा॥

चारों युग तीनों लोक आपके
सदा रहो प्रिय प्रभु राम के।
संकट मोचन शक्तिमान
बोझ है मुझ पर ये अभिमान॥

मुझको भी दो थोड़ी बुद्धि
मैं भी पा लूँ आपकी सिद्धि।
अंजनी पुत्र वीर हनुमान
मुझको भी दे दो वरदान॥

गर मैं उड़ ना पाऊँ गगन में
पर मैं बसा लूँ राम को मन में।
कुछ तुम जैसा मैं बन जाऊँ
और भवसागर को तर जाऊँ॥

कुलदीप शर्मा

6. हनुमान चालीसा ॥

आज पड़ा है सारा जग मूर्छित
सच, धर्म और करुणा हैं वर्जित।
आना होगा आपको ले अवतार
करो प्रभु राम का सपना साकार।।

तुम पवन पुत्र राम के मित्र
आपके हृदय में प्रभु का चित्र।
त्रेता में एक था आज कई हज़ार
रावण-मुक्त करो हो उद्धार।।

तुम रामभक्त हे बाहुबली
ये लो मेरी त्रुटियों की बलि।
हे करुणसागर पालनहार
तेरी भक्ति में ये जीवन निसार।।

पालनहार राम भक्त महान
करुणसागर चतुर बलवान।
सुख शांति का दो वरदान
करो मुझे कृपा दृष्टि प्रदान।।

बिना कहे ही समझें आप सब बात
आपका आशीर्वाद रहे सब के साथ।

दीन बंधु कृपालु आप सबके नाथ
सदा रखें हमारे सर पर अपना हाथ । ।

ऋक्षपति जामवंत ने आपको जगाया
आपने अपना खोया बल वापस पाया ।
कलियुग में प्रभु सब जग है सोया
कृपा करो हम पायें जो धर्म है खोया। ।

आपने किया दानवों का संहार
त्राहि त्राहि कर रहा संसार ।
राह दिखाओ लो अपनी शरण
रखो धरती पर फिर अपने चरण । ।

हे केसरी पुत्र अंजनी लाल
आपसे बड़ा ना कोई दयाल ।
आपसे काँपै माया और काल
दूर करो मेरा अज्ञानता जाल । ।

आप राम भक्त दीनों के सखा
आपकी माया कोई जान ना सका ।
आप चंचल नटखट क्रोध से परे
क्रूर काल यमराज भी आपसे डरे । ।

जीवन में पतझड़ हो या सावन
आप सदा सबके सखा गुरु पावन।
आपकी कृपा से आए समृद्धि
मिले सुख शांति और सुबुद्धि।।

7. हनुमान चालीसा ।।।

चौड़ा सीना तेरा कोमल हृदय
वज्र शरीर अजय हिमालय।
परम राम भक्त तुम निर्भय
दुर्लभ आपकी महिमा परिचय।।

फल समझ आपने सूर्य निगला
आपके प्रकोप से इंद्र भी पिघला।
लंका को भी अपने किया ध्वस्त
और दी सब दानवों को शिकस्त।।

तुम पवन पुत्र राम के मित्र
आपके हृदय में प्रभु का चित्र।
त्रेता में एक था आज कई हज़ार
रावण-मुक्त करो हो उद्धार।।

हो सखा अगर तुम जैसा
तो जीवन में दुख कैसा?
गर हो तुम जैसा एक भाई
तो दूर रहे दुश्मन की परछाई।।

सादा जीवन स्वाभाव सरल
आप राम के भक्तों में अव्वल।

आप पढ़ने में जैसे रामायण
सहज अनूठा आपका गायन।।

हो हनुमान जी का भव्य सत्कार
आपकी कृपा हो तो हर दिन त्यौहार।
आपके हाथ हमारे जीवन की पतवार
लगे हमारे द्वार पर सुखों की कतार।।

राम दूत किष्किन्धा कुमार
कलियुग में भी लो अवतार।
दुर्लभ हुआ है धर्माचार
करो सब राक्षसों का उपचार।।

आपके भक्त करें इतना याद
तो दर्शन क्यों नहीं देते साक्षात?
भले ही सबको भली भाँति ज्ञात है
कि सर पर सदा आपका हाथ है।।

मंगलमूर्ति तू है करुणा का सागर
प्यार की नदियाँ मिलें तुझमें आकर ।
तू परम ज्ञानी और सर्वगुण संपूर्ण।
दे वरदान बनूँ तुझ जैसा परिपूर्ण।।

मुझे बना दे खुद जैसा गुणवान
मैं भी कर सकूँ जन कल्याण।
तेरी भक्ति में हो जाऊँ लीन
और बजाऊँ तेरे नाम की बीन।।

8. हनुमान जी के मुख से

तू करता है क्यूँ फ़िक्र
गर तू करता है मेरा ज़िक्र।
तू धर्म की डगर पर चला चल
कोई प्रयास न होगा निष्फल।।

तू मुझे करे ना करे याद
मैं तो हूँ हर पल तेरे साथ।
जीवन नही है सदा सरल
पर तू होगा निश्चित सफल।।

रख हौसला रख विश्वास
मैं हूँ तेरे ही आस-पास ।
चल अकेला गर ना हो मंडल
तब ही बनेगा सोना ये पीतल । ।

कर प्रेम और प्रेम प्रचार
प्रेम हर बीमारी का उपचार ।
त्याग घृणा अपना ले संसार
हो रहा है मेरा पुनरावतार । ।

9. हनुमान जी का आश्वासन

मेरी कहानियां बहुत भा रही हैं।
पर क्या समझ में भी आ रही है?
पूजते हो उसे जिसके हैं चारों धाम।
क्या बगल में छुरी और मुँह में राम?

मेरे लिए तुम जलाते हो रोज़ दिया।
क्या तुमने किसी दीन को दान दिया?
राम को पूजना नहीं है कोई कला।
अपनाओ उनके गुण तो होगा भला।।

मेरी चालीसा गाने से ना मिले फल।
अगर हृदय नहीं निष्कपट निर्मल।।
आज मेरे कहने पर यह लो प्रण।
करो मुझे लोभ ईर्ष्या घृणा अर्पण।।

कर दीन दुखियों की बेशर्त मदद।
रहेगा सदा स्वथ्य सुखी और समृद्ध।।
है सदैव तेरे सर पर प्रभु राम का हाथ।
मैं भी तेरे साथ तो चिंता की क्या बात।।

10. मैं पवन पुत्र हनुमान हूँ।

मैं भक्तों की पतवार हूँ और रूद्र का अवतार हूँ।
मैं राम भजन की ताल हूँ और दुर्जनों का काल हूँ।
मैं प्रभु राम का दास हूँ और निर्बलों के पास हूँ।
मैं राहगीर की राह हूँ और अनुयायिओं की चाह हूँ।
मैं अहंकार को खाता हूँ और उदारता का भ्राता हूँ।
मैं पापियों का भक्षक हूँ धर्मात्माओं का रक्षक हूँ।
मैं शांति का अभियान हूँ और सज्जनों का प्राण हूँ।
मैं वेदों का ज्ञान हूँ और संतों मुनियों का सम्मान हूँ।
मैं प्रभु राम के हाथ हूँ और उनके भक्तों के साथ हूँ।
मैं साधु-संतों का मान हूँ हाँ मैं पवन पुत्र हनुमान हूँ।

11. आह्वान

हे करुणा सागर वीर हनुमान
कर रहा हूं आपका आह्वान।
कृपा कर रख लो मेरा मान
संकट में फसी है मेरी जान।।

दुनियां की बसी है पैसे में जान
इंसान का नहीं पद का है सम्मान।
वो न समझें तेरा सरल भक्ति ज्ञान
पूरा विश्व है करुणा से अनजान।।

चूर-चूर हुआ मेरा अभिमान
बस निकलने को हैं मेरे प्राण।
आपके हाथ हैं उतार-चढ़ान
प्रभु फिर दो मुझे जीवन दान।।

12. बाबा नीम करौली

हनुमान भक्त नीम करौली
जग जाने मैक्सिको से महरौली।
मौन, प्रेम, सेवा और सादगी
सिखाया बाबा ने करना बंदगी।।

आप महायोगी आत्म खगोली
महाराज बाबा नीम करौली।
लगाओ मेरी भी किनारे कश्ती
दो मुझे भी अपनी कृपा दृष्टि। ।

बाबा मार्गदर्शन करो मेरा भी
और मैं नाम लूँ सिर्फ़ तेरा ही।
बाबा मैं भी आया हूँ तेरी शरण
छूने लेने दो मुझे अपने चरण।।

आपने दयादान दिया करोड़ों को
और हटाया रास्ते के रोड़ों को।
महाराजजी आज भी हैं यहाँ
नीम करोली बाबा गये हैं कहाँ?

13. कैंची में बाबा जी खेलें होली

मगन हुए बाबा नीम करौली
रंगों से कैंची में खेलें होली।
हुनूमान भी मंद मुस्काएं
भक्त जन सारे पर्व मनाएं।।

राम दास ने भरी पिचकारी
कृष्ण दास ने भी की तैयारी ।
लैरी भी दौड़ा दौड़ा आया
सिद्धि माँ ने भी मन बनाया।।

महाराज जी ने लिया गुलाल
रंगे हैं उनके बाल और गाल।
रह ना जाए कोई मलाल
जम कर किया सब ने धमाल।।

चारों ओर हैं फूल खिले
बाबा जी सबसे गले मिले ।
सब को मिला होली प्रसाद
जिसमें लिप्त प्रेम का स्वाद।।

14. मैं आया तेरे धाम

रख मेरे सर पर अपना हाथ
रहना है अब तेरे ही साथ।
नहीं करना है बाबा विश्राम
जब तक नही पहुंचे तेरे धाम।।

व्यर्थ गंवाया जीवन अब तक
दिखा ज्ञान दीपक की दमक।
सूर्य दिखा कर दूर अंधकार
तेरे ही हाथ अब मेरी पतवार।।

देश-विदेश और खासोआम
सभी सुनेंगे तेरा प्रेम पैगाम।
तेरा ही दर अब मेरा मुकाम
तुझे अर्पित मेरी त्रुटियां तमाम।

तेरी सेवा करेंगे सुबह-ओ-शाम
स्वीकार करो बाबा मेरा प्रणाम।
मेरी जुबां पर सदा तेरा ही नाम
आया मैं आया बाबा तेरे धाम।।

15. बाबा तेरी याद में

बाबा तेरी याद में
झूमूँ नाचूं और गाऊँ
भगवान तेरी चाह में
सुख शांति मैं पाऊँ । ।

परमात्मा की खोज में
द्वार द्वार मैं जाऊँ
परमपिता की राह में
पुष्प मैं बिछाऊँ । ।

सधगुरु तेरे प्यार में
खुद को भूल जाऊँ
बिंदु तेरे खुमार में
तल्लीन मैं हो जाऊँ । ।

बाबा तेरे खेल को
मैं समझ ना पाऊँ
काम क्रोध अहंकार
और माया को भुलाऊँ । ।

बाबा तेरी याद में
भोजन मैं पकाऊँ

भोग तुझे लगाऊँ और
प्रसाद तेरा मैं खाऊँ । ।

बाबा दे वरदान मुझे
मैं ब्राह्मण बन जाऊँ
पतित से पावन बन कर
तेरी गीता सब को सुनाऊँ । ।

बाबा तेरी याद में
झूमूँ नाचूं और गाऊँ
बाबा तेरे प्यार में
सदा तेरे गीत गाऊँ । ।

16. एक छोटा-सा भगत मैं

बाबा आपकी लीला है न्यारी
आप हैं सचमुच चमत्कारी ।
गूगल का लॅरी पेज भी आया
जूलिया ने हिंदू धर्म अपनाया । ।

वैज्ञानिकों को आस्तिक बनाया
व्यापारियों को प्रेम समझाया ।
कंबल में लिपटे भरी दुपहरी
और मुख पर प्रकाश सुनहरी।।

बनायें बजरी से चीनी पानी से तेल
बाबा आप खेलें कैसे-कैसे खेल ।
आप हमारे बाबा कल और आज
सदा रहे आपके सर पर ताज ।।

मुझ भटके को राह दिखाई
समझाई मुझे खुदा की खुदाई।
आप से बड़ा ना कोई जगत में
आपका एक छोटा-सा भगत मैं । ।

17. भक्तों में पुखराज

बाबा नीब कारोली महाराज
हनुमत भक्तों में पुखराज।
गुरुदेव की महिमा अपरम्पार
आपके हाथ हमारी पतवार।।

बाबा आपका सरल स्वाभाव
रहें ओढ़े कंबल नंगे पाँव ।
मुख पर सूर्य जैसा प्रकाश
आप ही ज़मीन और आकाश । ।

ना भाषण ना कोई प्रचार
फिर भी भक्तों की लंबी कतार।
जात या धर्म का नहीं भेदभाव
सबसे आपका समान बर्ताव।।

आपके हृदय में हनुमन वास
आप अपने हर भक्त के पास।

बिन पग चलें हों अंतर्ध्यान
दर्शन दो ये है मेरा आह्वान।।

18. निराली आपकी हर बात

जिसे संसार ने दुतकारा
उसे आपने पुचकारा।
जिसका ना कोई सहारा
वो बना आपका दुलारा।।

जिसे नहीं पता जाना है कहाँ
उसके लिए आप सारा जहाँ।
जो भटक रहा दिशाहीन
वह हो गया आप में विलीन।।

जो भूल जाए अपनी सुद्बुध
आप दयावान उसे पुकारें खुद।
बिन माँगे आप दें अपना हाथ'
बाबा निराली आपकी हर बात।।

ना पूजा-पाठ ना अनुदान
आप दें सिर्फ़ प्रेम का ज्ञान।
पापियों को भी लगाएँ गले
ना कोई आपके बाद ना पहले।।

19. कैंची धाम

मैं आया हूं बाबा कैंची धाम
जय बजरंगी जय श्री राम।
हर्षित यहां हर एक जन
प्रफुल्लित है मेरा भी मन।।

तूने दिया है ये जीवन
मैं हूँ वृक्ष तू उपवन।
तेरी मूरत मन भावन
कैंची धाम अति पावन।।

चल उडा ये मेरा मन
जैसे पागल चंचल पावन।
घिर आया घनघोर घन
ये लागी कैसी लगन।।

तेरे द्वार पर मेरा आगमन
करना है घोर चिंतन-मनन।
फैले ज्ञान सुख और अमन
बीते तेरे ध्यान में ये जीवन।।
मैं आया हूं बाबा कैंची धाम
जय बजरंगी जय श्री राम।।

20. मुझे अहंकार से मुक्ति दे

तेरे ज्ञान में जीते हैं बाबा
तेरी याद में साँसें लेते हैं
अज्ञान की थी ये सब बातें
और अंधकार की थी रातें
अब राह मिली तेरे द्वारे की
ये दुनिया मैंने किनारे की
तेरे ज्ञान में जीते है बाबा
तेरी याद में साँसें लेते हैं ॥

भटक-भटक कर ये मानव
बन गया है जैसे अब दानव
ना पढ़ी ना सुनी तेरी गीता
बेहोशी में जीवन बीता
अब आए हैं दर तेरे बाबा
अद्भुत है तेरी आभा
तेरी याद में साँसें लेते हैं
तेरे ज्ञान में जीते हैं बाबा ॥

मुझे अहंकार से मुक्ति दे
मेरे क्रोध से मुझको छुट्टी दे

अब राह दिखा मुझे दृष्टि दे
मुझे मोह नहीं तेरी सृष्टि से
मेरी हर सांस में तू है बसा
जीवन हर पल एक जलसा
तेरे ज्ञान में जीते हैं बाबा
तेरी याद में साँसें लेते हैं ॥

21. आपकी दया सब पर बरसे

कृष्णा दास ने आपको पाया ।
राम दास आपको बहुत भाया ।
लैरी की थी आप में आत्मा
जिसने किया चेचक का ख़ात्मा । ।

स्टीव जॉब्स भी मिलने आया
ज़ुकरबर्ग ने शीश झुकाया ।
कोई न गया खाली आपके दर से
आपकी दया बाबा सब पर बरसे । ।

बिना कहे ही समझें आप सब बात
आपका आशीर्वाद रहे सब के साथ।
दीन बंधु कृपालु आप सबके नाथ
सदा रखें हमारे सर पर अपना हाथ।।

बाबा नीब करौरी जी महाराज
आपके सर हनुमत का ताज ।
आप करें हर दिन का आगाज़
आशीर्वाद शांति समृद्धि के साथ। ।

22. कृपा करो प्रभु

बाबा हम सब आपके बच्चे
थोड़े-से झूठे थोड़े हैं सच्चे।
कुछ मतलबी कुछ परोपकारी
है मजबूरी और दुनियादारी।।

दुःख और सुख है सब मंज़ूर
रहे आपकी भक्ति का सुरूर।
जो करें आप सब है सही
जानें आप बातें कही अनकही।।

बाबा जी ये आपकी कैसी है माया
सारे संसार पर है दुखों का साया।
कृपा करो प्रभु भारत हो या चीन
सब ही हैं आपके धनवान या दीन।।

बाबा करो समाधान करो युक्ति
दो संसार को इस कष्ट से मुक्ति।
सीख लिया है इंसान ने सबक
लुप्त है उसके अभिमान की दमक।।

23. फ़रियाद

बाबा कर रहा हूँ कई महीनों से फ़रियाद;
भूल गए हो महाराज जी या है कुछ याद?

सच है प्रभु कि मैं हूँ एक इंसान स्वार्थी;
निस्स्वार्थ तो नहीं थे अर्जुन के भी सारथि।

उन्होंने धर्म पुनर्स्थापना हेतु कराया युद्ध;
और मैं तो दूर-दूर तक नहीं महात्मा बुध।

मुझे अब चिंता अपनी नहीं आपकी है;
मेरी कोई छवि नहीं छवि आपकी है।

सुना था आप चमत्कारी हो पता नहीं;
अगर मैं बिन देखे न मानूं मेरी खता नहीं।

24. कहाँ हो तुम माली?

आज की पूनम की रात;
लगती है जैसे अमावस्या।
आज चाँद क्यों नहीं निकला;
क्या हुआ क्या है समस्या?

चाँद तारे सब भटक रहे हैं;
खो गया है उनका आसमान।
ज़मीन पर भी नहीं आ सकते;
जो बनी हुई है भीषण शमसान।

कहाँ हो तुम तो माली हो?
क्या चाहते हो मेरे भगवन?
रक्षा करो अपने फूल पौधों की?
बचा लो उजड़ने से अपना उपवन।

ना करुणा न धैर्य न दिल में प्यार;
बढ़ती जा रही है इंसानों में दरार।
अगर सचमुच सतयुग आ रहा है;
तो इंसान इतना क्यों घबरा रहा है?

महाराज नीम करोली बाबा;
हमें कैसे वक़्त ने आ दाबा?

विश्व अर्थव्यवस्था है तबाह;
दुनिया देख रही है तेरी राह।

25. रचयिता

आज दिन भी लगे
जैसे हो अंधियारी रात;
धैर्य रख बस
कुछ और दिनों की है बात।
यह भी उसकी मर्ज़ी है
कोई तो होगी बात;
हम जीतेंगे
और हैवानियत की होगी मात।।

सवेरा फिर से आएगा
और मिटेगा अंधकार;
जल्द ही त्यागेगा मानव
अहम् और अहंकार।
हम तो केवल पात्र हैं
वो है रचयिता नाटककार;
पर्दा उठेगा
फिर से होगी उसकी जय जयकार।।

26. शिकायत

दया की भीख मांग-मांग कर गया हूँ थक
क्यों नहीं सुनी तूने मेरी पुकार अब तक
मिट गया है सारा मान-सम्मान धुल में
कौन सा पाप हुआ है मुझ से भूल में?

तुझे मेरी शिकायत तो सुननी पड़ेगी
नहीं तो हालत और अधिक बिगड़ेगी
कहाँ है तू किस कार्य में है व्यस्त
क्या तू इतना अपनी धूनी में है मस्त?

क्या हठ केवल तेरी है मेरी नहीं
क्या ये दुनिया सिर्फ तेरी है मेरी नहीं
राम का अंश तुझ में है और मुझ में भी
क्या तेरी ही आत्मा नहीं है मुझ में भी?

बाबा कहाँ बैठा है लिपटे कम्बल में
यहाँ जीवन धंस रहा है गहरी दलदल में
कर कृपा तेरी भी आत्मा आनंदित होगी
मिटा कष्ट अन्यथा तेरी महिमा खंडित होगी

27. तुझ से मेरा एक सवाल

अंजनी पुत्र केसरी लाल
तुझ से मेरा एक सवाल
तू तो है सर्वज्ञ सर्वव्यापी
क्यों हैं संसार में इतने पापी?

प्रभु के मंदिर बने व्यापार
मानव को सिर्फ पैसे से प्यार
भय होगा तो करेगा वह प्रीत
भूले हुए हैं हम धर्म की रीत

ना भाई से प्रेम ना माँ का आदर
उतार दी है उसने शर्म की चादर
जब राजा ही लूटे प्रजा को सरेआम
बबूल के बीजों से न उगेगा आम

तब तो थी बस एक ही लंका
आज हर गली में पाप का डंका
तेरे भक्तों को है तुझ पर विश्वास
क्यूंकि तेरे मन में है राम का वास

28. विधि हाथ

कभी तू उड़ा बिना पंख अर्श पर;
और आज असहाय पड़ा है फर्श पर।
तूने सोचा तूने अपनी क़िस्मत बनाई;
तू भूल गया ये सृष्टि किसने रचाई।।

ना घबरा ये सबक है कोई दंड नहीं;
मानव को चाहिए कभी करे घमंड नहीं।
तू इस नाटक का पात्र है रचयिता नहीं;
कर बस अभिनय तेरी ये कविता नहीं।।

दोष तेरा नहीं ऐसा होता है अक्सर;
जब मिलता है जीवन में बड़ा अवसर।
सोचता है तू कि तूने बनाया है ये शिखर;
जब तक न जाये सब कुछ बिखर।।

खुद को केवल एक साक्षी मान;
ना तेरा कोई मान ना अपमान।
तेरे हाथ में ना दिन है ना रात;
हानि लाभ जीवन मरन विधि हाथ।।

29. तू जन्मा है सर्व संपन्न

धैर्य और विश्वास के संग;
जियो जीवन बेफिक्र सादा।
स्वस्थ रहोगे जीवन पर्यन्त;
यह है बाबा का वादा।।

बोलो सदैव मीठे वचन;
ना हो क्रोध ना घृणा।
करो दिव्य ऊर्जा उत्पन्न;
सतयुग नहीं कोई मृग तृष्णा।।

लो बाबा को दिल में बसा;
सदा रखो चित्त प्रसन्न।
ना उतरे कभी भक्ति का नशा;
रहो शांति और प्रेम में मग्न।।

जीवन है आनंद ही आनंद;
क्यों ये डर, क्यों कम्पन्न?
तेरा है शिव बाबा से सम्बन्ध;
तू जन्मा है सर्व संपन्न।।

30. पिता

जब पिता का था सर पर साया
कोई भी दुश्मन पास ना आया।
खेल-कूद और दिन भर मौज मस्ती
खुशियाँ थी तब बहुत ही सस्ती।।

लंबा कद और चौड़ा सीना
हमारी खुशी और उनका पसीना।
बड़ी रौबीली थी उनकी हस्ती
दौड़ रही थी परिवार की कश्ती।।

रफ़्तार से बीते दिन और साल
वक़्त बुन रहा था अपना जाल।
एक दिन फिर वो पल भी आया
जब उठ गया सर से उनका साया।।

दोस्तों,
जब वो ज़िंदा हैं तो ना होना लापता
कोई भी वक़्त को थाम नहीं पाता।
जितना हो पिता संग समय लो बिता
इस से पहले की जले उनकी चिता।।

31. माँ

मैं तो बहुत व्यस्त हूँ
बीवी बच्चे मेरा जहाँ।
भूल जाता हूँ मैं तुझे
भोली बूढ़ी मेरी माँ।।

ऐसा क्या करता हूँ मैं
जो ना हो महीनों बात?
क्यों समय नहीं मिलता
क्यों नहीं होती मुलाक़ात?

मैं हर बार वादा करता हूँ
पर फ़ोन तेरा ही आता है।
पर ऐसा भी नहीं है कि
वह ही तेरी याद दिलाता है।।

मेरी सांसें हैं तेरी नियामत
तेरा दूध है मेरी रगों में रक्त।
तेरा आशीर्वाद है रक्षा कवच
तू रहती है मेरे साथ हर वक़्त।।

32. अर्धांगिनी

तू नहीं है कोई परी
पर नहीं है तेरी ये धरा
बहुत ही अलग है तू
जैसे हो कोई अप्सरा

उतरे तू हर परीक्षा में खरी
यही है तेरी परंपरा
मेरे लिए ही आई है तू
तुझ से ही है जीवन हरा भरा

तुझे हक़ है पर कुछ मांगती नहीं
तुझ से अधिक कोई गुणवती नहीं
अच्छी हो दुखद परिस्थिति
जानती है तू सब मनोस्थिति

दिल है तेरा निष्कपट और निर्मल
दो मीठी बातों से ही जाये बहल
अभी मिला नहीं तुझे सोना या महल
तेरे साथ से ही है जीवन में चहल-पहल

क्योंकि तेरा साथ है हर दम
तुझ ही से तो हैं तेरे हम

तुम साथ हो तो क्या ग़म
तुम ही से है सब दमख़म

उत्तीर्ण की है तूने हर परीक्षा
और तूने की है मेरी रक्षा
पूरी हुई हमारी दीक्षा
अब और नहीं करनी है प्रतिक्षा

33. हम होश में आ गये

बहुत चहल-पहल थी ।
जब हम पहल करते थे ।।

बहुत मिलना-जुलना था ।
जब तक हम बुलाते थे। ।

कोई छोटा-बड़ा नहीं था।
जब तक हम बड़े थे। ।

कोई हानि-लाभ नहीं देखता था ।
जब तक हानि केवल हमारी थी।।

सब रात-दिन मौज करते थे।
जब तक दिन हमारे थे।।

सब हूमें भूल-भाल गये ।
जब हम होश में आ गये।।

34. विविधता

मैं वामपंथी और तू कट्टरपंथी।
अपने ही विचारों के हम बंदी।।
मैं कलकत्ता का बंगाली तू मद्रासी।
तू लुधियाने का पंजाबी मैं बनारसी।।
मैं हैदराबादी मुसलमान तू राजस्थानी।
मैं शूद्र या ब्राह्मण पर नहीं हिन्दुस्तानी।।

35. मैं हूँ कंजक

मैं हूँ कंजक आज है मेरा दिन
आज चुकेगा मेरा ऋण
कोई भी पूजा उत्तर-दक्षिण
ना हो पूरी आज मेरे बिन ॥

आजा चंपा आजा मेरी सहेली
आज के दिन हम नहीं अकेली
आज तो मना लें अपनी दीवाली
आज हैं हम राधा और शिवाली ॥

आज हूँ मैं देश की रानी
सारी दुनिया मेरी दीवानी
आज के दिन मेरी कुर्बानी
बाकी दिन मुझे ना मिले पानी ॥

आ रहा है घर-घर से बुलावा
खाने को पूरी-चने और हलवा
खाएँ भर पेटआज के दिन
मैं हूँ कंजक आज है मेरा दिन ॥

36. तीज

आया तीज का त्यौहार
बढ़ा है खुशियों का आकर
सखियों हो जाओ तैय्यार,
हम हैं पार्वती अवतार।

आए तीज बार बार
फैलाए खुशियाँ और प्यार
लगे उल्लासों की कतार
ये है भारत के संस्कार।

पड़े हैं पेड़ों पर झूले
खुशी से ना समायें हम फूले
बिंदी की चमक अपार
आया तीज का त्यौहार।

मेंहंदी हाथो में रचा के
खुद को चूड़ी-गहनों से सजा के
हमारी पायल छमछम बाजे
सब खायें पकवान ताजे
आया तीज का त्यौहार
सखियों हो जाओ तैय्यार।

37. पितृ पक्ष

कैसे हो रोशनलाल बेटा?
सेवा कर रहें है ना बहू-बेटा?

दादाजी का छूटा पसीना।
बोले: मिल रही है रोटी सब्जी बिना।।
हमसे अच्छा तो आपको मिलता है;
आपके नाम का भरपूर खाना निकलता है।।

बेचारी गाय भी इतना नहीं खा पाती;
रोज़ जलते हैं आपके लिए दिया और बाती।।
भोग रहें हैं हम अपनी करनी;
सज़ा तो हमें होगी ही भरनी।।

वक़्त खुद को दोहरा रहा है;
जो हमने किया हमारे साथ हो रहा है।।
आपके जीते जी हमने आपको नहीं पूछा;
आपके जाते ही हमने आपको पूजा।।
ज़िंदा हैं तो हम हैं केवल एक चलचित्र;
जाने के बाद हम बन जाते हैं पावन पित्र।।

38. प्रवासी कामगार

तू भूखा शहर में आएगा
भूखा ही वापस जायेगा।
सोचा था नौकरी पायेगा
और यहाँ भर पेट खायेगा?

तू जितना यहाँ रुकेगा
उतना ही और बिकेगा।
तू परदेस में और टिकेगा
मौत का पैग़ाम लिखेगा।।

यहाँ तेरा कोई घर नहीं
जाने को कोई दर नहीं।
गाँव में खेती बची नहीं
किस्मत रंगों से रची नहीं।।

हम इतने भी असमर्थ नहीं
यहाँ इतना भी अनर्थ नहीं।
दधीचि-जैसे तू काम आएगा
तेरा जीवन व्यर्थ न जायेगा।।

39. चलता चल

सब हाथ है तेरे जीवन हो या मरण;
अस्थायी है सब जवानी और बचपन।
अटूट नहीं कोई भी सांसारिक बंधन;
सब कुछ मोह और माया का है मंथन।।

हे करुणानिधान पालनहार भगवन;
हम वृक्ष हैं ये तेरा विशाल उपवन।
यह है तेरी ज़मीन और तेरा गगन;
तेरे कंदमूल और फल तुझे अर्पण।।

आती जाती माया है सुख और दुःख;
एक बार फिर बदलेगा हवाओं का रुख।
थोड़ा और सह ले न हो जीवन से विमुख;
थकना नहीं चलता चल ना कभी रुक।।

40. दिल में

अंधेरा रात में नहीं
अंधेरा मेरे दिल में है |

डराते मुझे हालात नहीं
डर मेरे दिल में है |

घृणा किसी के व्यवहार में नहीं
घृणा मेरे दिल में है |

मेरे प्रेम का कारण उसकी अच्छाई नहीं
प्रेम मेरे दिल में है |

41. हम हैं हिन्दुस्तान

तुम हमें ना तोड़ो
तुम हमें ना छेड़ो
हम हैं
हिन्दुस्तान।

ना मैं हिंदू
ना मैं मुसलमान
हम हैं
हिन्दुस्तान।

दिल्ली में दंगे
गुजरात कोहराम
ना भूलेगा
हिन्दुस्तान।

हम मुल्क हैं
हमें आज़ादी दो
बहुत दिया हमने
बलिदान।

ना हिंदू के तुम
ना मुसलमान के

कुलदीप शर्मा

तुम नहीं
हिन्दुस्तान।

42. पेड़ ही जीवन हैं

लोगों ने काटे
पेड़ हैं सारे
तुम क्यूँ बैठे हो
आ जाओ प्यारे!

मुफ़्त की लकड़ी है
मौका है अच्छा
आ जाओ सारे
बूढ़ा या बच्चा!

जहाँ जो पहले थे
जंगल मनभावन
आज वहाँ पर हैं
पथरीले भवन!
दौलत हो गयी है
कुदरत से प्यारी
पेड़ खा गये तुम
सब बारी बारी!

जब तुमसे कोई
कल पूछेगा बच्चा
उत्तर दोगे क्या

तुम उसको सच्चा?
कह दोगे क्या
तुम ही इनके हत्यारे थे
सोने के अंडे
मुर्गी से प्यारे थे?

लोगों ने काटे
पेड़ हैं सारे
अब तो रहनो दो
रुक जाओ प्यारे!